엄마랑 나랑

50가지 그림 대화

매일 똑같은 것만 묻고 답하는
엄마와 아이를 위한 책

쓰고 그리고 평생 간직하는
마음토크북

명랑한 책방

• 아마존 독자평 •

아이와 대화할 수 있는 아주 멋지고 특별한 아이디어!

지금 아이 마음이 어떤지, 어떤 생각을 하는지 아는 데
큰 도움이 되었어요! 더불어… 내 마음도요.

아빠인 저도 이 책 덕분에 아이와 즐거운 시간을 보내고 있어요.
평소 말하기 힘든 주제들에 대해 생각해 보고 마음을 열게 도와주는 책이에요.
오랜 시간이 흐른 뒤에도 열어 보는 소중한 책이 될 것 같아요.

평소에 아이와 함께 미술 활동을 많이 하는 엄마예요.
아이가 아직 어려서 모든 제시문을 이해하기는 어렵지만
'나의 겉모습', '나의 속 모습'처럼 낯선 개념들을 배우는 데 도움이 돼요.
이 책 덕분에 아이와 함께하는 특별한 시간을 얻었어요.

매일 밤 자기 전에 딸과 함께 책을 펼쳐요.
딸이 정말 좋아하고, 저도 만족합니다.

전 상담가예요.
이 책을 보자마자 두 권을 사서 한 권은 친한 친구에게 선물하고
한 권은 상담 시 활용하려고 사무실에 두었어요.

차례

들어가는 말 · · · · · · · · · · · · 7
마음토크북 활용법 · · · · · · · · · 10

소중한 내 마음 · · · · · · · · · · 15
내가 좋아하는 사람들 · · · · · · · 27
나는 이런 사람 · · · · · · · · · · 39
내가 좋아하는 나 · · · · · · · · · 49
잊지 못할 순간 · · · · · · · · · · 59
가장 소중한 오늘 · · · · · · · · · 71
내일은 더 좋을 거야 · · · · · · · · 93
내 마음대로 내 상상대로 · · · · · · 105

작가 소개 · · · · · · · · · · · · 130

들어가는 말

"오늘 학교는 어땠니?"
"재밌었어요."
"친구들하고 잘 지냈어?"
"네."
"……."
"……."

어디서 많이 본 장면 아닌가요? 엄마는 아이가 어떤 하루를 보냈는지, 아이 기분이 어떤지 알고 싶은데, 돌아오는 말은 늘 "좋았어요.", "네." 혹은 "몰라요." 라는 대답뿐이지요. 어릴 때는 재잘재잘 잘 이야기하더니 어느새 친구와 휴대전화를 더 좋아하게 된 아이. 그 아이의 마음을 여는 일은 이제 엄마에게 풀기 힘든 숙제가 되어 버렸습니다.

아이가 이야기하고 싶지 않은 데에는 여러 이유가 있습니다. 혹시 아이가 유치원이나 학교에서 돌아왔을 때 너무 많은 질문을 던지지 않았나요? 한꺼번에 여러 질문을 하면 아이는 어찌할 바를 모릅니다. 긴 하루 동안 있었던 일을 단번에 떠올리기 어렵기 때문이지요. 때로는 취조받는 것처럼 느껴져 감정을 억누르고 묻어 두게 됩니다. 단순히 엄마와 대화하는 게 재미없을 수도 있고요.

아이와 가까워지려는 노력에도 불구하고 아이가 단답형 대답만 하거나 대화하기를 싫어하면 엄마는 좌절감을 느끼지요. 하지만 엄마는 여전히 아이와 친밀한 관계를 맺고 싶습니다. 내 아이가 하루 동안 겪은 소소한 이야기도 듣고 싶고, 아이의 꿈은 무엇인지, 무엇을 좋아하고 무엇을 무서워하는지 여러 대화를 나누고 싶지요.

대화는 엄마와 아이의 관계를 발전시키는 데 중요한 역할을 합니다. 또 아이가 긍정적이고 자존감 높은 사람으로 성장하는 데 큰 도움을 주지요. 아이는 대화를 통해 자신을 알아 가고 엄마의 사랑을 느끼면서 스스로를 좀 더 소중히 여길 수 있으니까요. 그러려면 아이 마음을 열기 위한 공감대 형성이 중요합니다.

매일 유치원이나 학교에서 선생님과 친구들에게 수많은 질문을 받는 아이에게 먼저 엄마의 이야기를 건네 보면 어떨까요? "오늘 네가 학교에 가고 나서, 엄마는 그동안 읽고 싶었던 책을 읽었어. 〈이상한 나라의 앨리스〉인데, 놀라운 상상의 세계가 펼쳐져." 읽고 있는 책이나 오랜만에 만난 친구 이야기, 회사에서 걱정되는 일과 같은 일상적인 이야기여도 좋습니다. 큰 의미를 둔 이야기가 아니어도 괜찮아요. 엄마의 마음과 기분을 전하는 것만으로 충분합니다. 엄마는 무엇을 좋아하고 무엇을 잘하는지, 무엇을 할 때 행복하고 어떨 때 무서운지 감정을 나누는 거예요.

아이와 대화하고 싶은데 어떤 말부터 해야 할지 덜컥 걱정부터 생기나요? 아이 마음이 궁금하긴 한데 갑자기 물어보면 뜬금없을 것 같아 주저되나요? 〈엄마랑 나랑 50가지 그림 대화〉는 그림을 통해 엄마와 아이가 의미 있는 대화를 나누고, 서로에 대해 알아 가도록 돕습니다.

이 책을 통해 아이와 더 깊은 대화를 나눠 보세요.

마음토크북 활용법

아이들은 언어 외에 다양한 방법으로 자기표현을 합니다. 표정, 몸짓, 태도 그리고 부족한 어휘력과 논리력을 보완해 주는 그림은 말보다 더 수월한 표현 수단이 됩니다.

"읽고 표현하고 대화하세요."

이 책에는 50가지 활동이 담겨 있습니다. 각 활동은 엄마와 아이가 함께할 수 있도록 두 쪽으로 이루어졌으며, 감정, 친구와 가족, 자아, 나의 장점, 상상에 이르기까지 폭넓은 주제를 다룹니다.

모든 활동은 엄마와 아이가 자연스럽게 대화를 시작하도록 돕는 제시문으로 시작합니다. 먼저 엄마와 아이가 나란히 앉아 함께 제시문을 읽어 보세요. 그다음 한쪽에는 엄마의 생각을 그리고, 다른 쪽에는 아이의 생각을 그립니다. 엄마와 아이가 그리기를 모두 마쳤다면 서로의 그림을 보고 각자 무엇을 어떻게 그렸는지 이야기해 봅니다. 이러한 과정 속에서 엄마와 아이는 서로에 대해 알아가게 됩니다.

"중요한 건 그림을 잘 그리는 게 아니라
대화를 잘하는 것입니다."

마음토크북을 채워 나갈 때 꼭 기억해야 할 것이 있습니다. 바로 이 책에는 규칙이나 정답이 없다는 점입니다. 각 제시문을 읽고 떠오른 생각과 느낌을 자유롭게 그리고 색칠해 보세요. 만약 그림보다 글이 더 편하다면 마음껏 적어 보세요. 가장 편안한 방법으로 서로의 생각을 표현하고 나누면 됩니다.

매일 혹은 매주 규칙적으로 시간을 내어 아이와 함께 활동하고 이야기를 나누어 보세요. 처음부터 차근차근해도 되고 아이가 고른 주제를 먼저 해도 좋습니다. 지금 아이가 맞닥뜨린 상황에 맞는 주제를 찾아도 좋겠지요. 그림 그리는 도중에 이야기를 나누어도 좋고, 조용히 각자 그리기를 마친 다음 이야기를 나누어도 좋습니다.

온전한 관심, 진심 어린 대화만큼 아이에게 중요한 건 없습니다. 아이와 무언가 함께 하는 시간을 만끽하시기 바랍니다. 서로 마음을 나누며 50가지 활동을 모두 채우다 보면 세상에 단 하나뿐인 책이 탄생할 것입니다.

기억해 주세요

★ 수많은 규칙 속에서 하루를 보내는 아이에게 이 시간만큼은 주도권을 내주세요. 아이가 스스로 하고 싶은 주제와 활동 도구를 고르도록 하고, 대화의 주도권도 아이에게 넘기세요. 아이가 이야기하고 싶을 때는 언제든 할 수 있게 하고, 반대로 아이가 대화할 준비가 되어 있지 않다면 강요하지 마세요.

✦ 아이의 그림을 지적하거나 고치지 마세요. 아이가 초록색으로 색칠한 오리를 틀렸다고 이야기하거나, 빈 하늘에 구름을 그려 넣지 마세요. 이 시간은 훈육이나 지도의 시간이 아니라 아이에게만 온전히 집중하고 서로의 마음을 나누는 시간입니다.

♥ 아이가 그림을 보여 주거나 그림을 잘 그렸는지 물어보면, 평가하지 말고 적극적으로 그림을 관찰하세요. 그리고 아이의 그림에서 흥미롭거나 특이한 부분, 자세히 묘사된 부분에 대해 질문을 던지거나 이야기해 주세요.

♡ 아이가 생각과 감정을 자유롭게 표현하도록 도와주고, 아이가 이 활동을 하기 싫어한다면 그 의견도 존중해 주세요. "너와 특별한 시간을 보내고 싶은데, 하기 싫으면 안 해도 괜찮아."라고 마음을 전달하고, 아이에게 찰흙 놀이, 종이접기, 스티커 놀이, 핑거 페인팅 등 다른 활동을 선택할 기회를 주는 것도 좋습니다.

소중한 내 마음

우리는 매일 다른 감정을 경험합니다. 한 감정이 강하게 찾아올 때도 있고, 여러 감정이 한꺼번에 찾아올 때도 있습니다. 내가 자주 느끼는 감정을 세 가지 이상 떠올려 보고 각각 어울리는 색깔과 무늬로 표현해 보세요.

_____ 월 _____ 일

예를 들어 사랑이라는 감정을 생각하니 빨간색과 줄무늬가 떠올랐다면 그렇게 표현해 보세요.
더 많이 더 자주 느끼는 감정은 더 크게 표현할 수 있어요.

우리는 살아가면서 다양한 감정을 만납니다. 행복, 기쁨, 감사처럼 긍정적인 감정도 있고, 짜증이나 미움처럼 부정적인 감정도 있지요. 때로는 부정적인 감정 대신 긍정적인 감정에 집중하는 게 좋아요. 긍정적인 감정은 행복한 삶으로 이끌어 주니까요.

_____ 월 _____ 일

우리는 어떤 사람이나 물건 때문에 행복을 느끼기도 하고
어떤 경험을 해서 행복해지기도 해요.
나를 행복하게 해 주는 것을
아래 그려 보세요.

우리는 모두 슬픔을 느껴요.
슬플 때는 그 일을 떠올리지 않으려고 애쓰는 것보다
마음껏 슬퍼하는 게 좋아요. 몸에 상처가 나면 피가 나듯이
마음에 상처가 나면 눈물이 나오는 게 당연한 거랍니다.
슬플 때 우는 건 슬픈 감정을 보내 주기 위해서예요.

누구나 화날 때가 있어요. 누군가가 미울 때, 억울한 일을 당했을 때,
짜증 나는 일이 계속 생길 때 우리는 화가 나요.

_____ 월 _____ 일

이따금 내가 얼마나 화가 났는지 말로 설명하기 어렵기도 해요.
그럴 때는 그림으로 표현해 보는 것도 방법이랍니다.
무엇이 나를 화나게 하는지 그려 보세요.

누구나 무서워하는 게 있지요.

무서운 마음이 들 때 겁내지 않고 마주할 수 있는 마음가짐을 용기라고 해요.

엄마한테 야단맞을 걸 알면서도 잘못을 솔직히 이야기하는 것도 용기예요.

해 보지 않은 일에 도전하는 것도 용기지요.

용기

_____월 _____일

너무 무서웠지만 조금 더 용기 내고 싶었던 순간을 그려 보세요.

내가 좋아하는
사람들

문장은 집안을 상징하기 위해 오래전부터 사용한 디자인이에요. 모든 문장은 그 집안 가족에게 의미 있는 색깔과 이미지를 담고 있어요. 예를 들어 사자는 힘과 용기를 상징하고 유니콘은 미덕과 신비로움을 나타내기 위해 사용했어요. 하얀색은 평화를, 빨강색은 전사 집안을 뜻하지요.

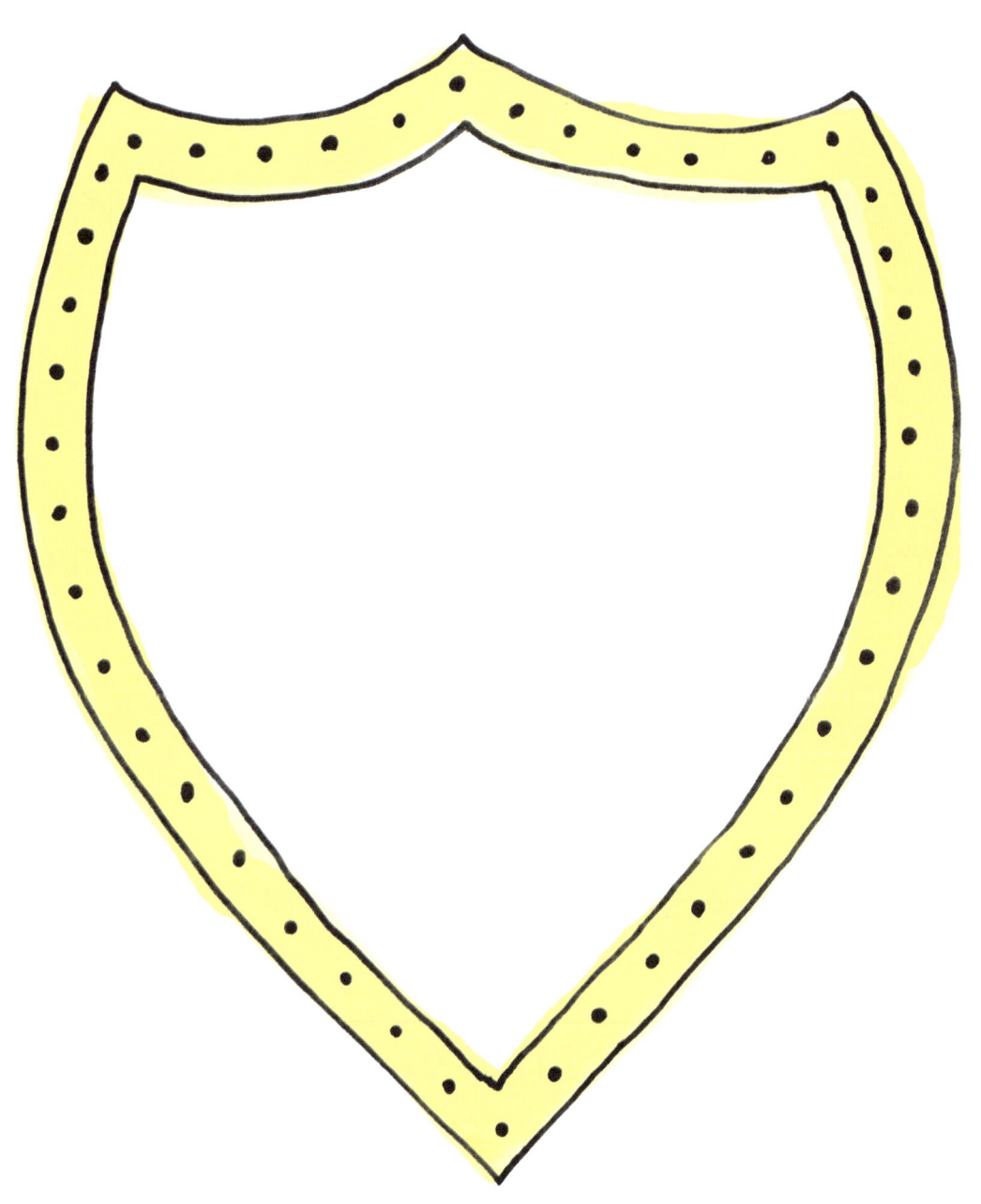

___월 ___일

우리 집을 보여 줄 수 있는 문장을 디자인해 보세요. 우리 가족이 좋아하거나 잘하는 것을 생각해 보고, 우리 가족의 특징을 아래 문장에 표현해 보세요.

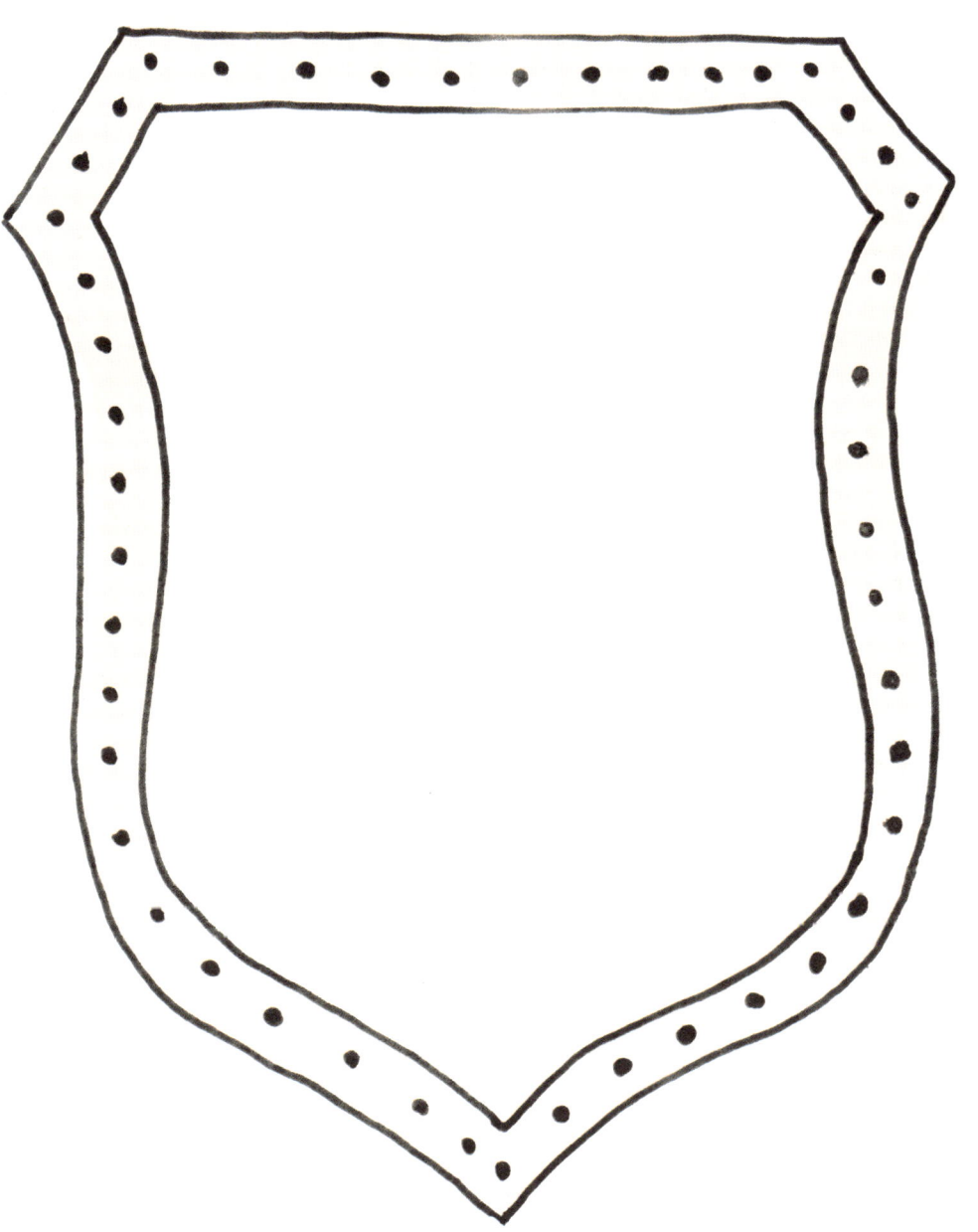

어떤 동물을 생각하면 아마 그 동물의 특징이 떠오를 거예요.
예를 들어 개는 주인을 잘 따르고 사자는 용감하고 멋있지만 무섭기도 하죠.

_____ 월 _____ 일

이제는 가족의 특징을 생각해 보고 그에 어울리는 동물로 가족사진을 그려 보세요.
외모나 행동처럼 눈에 보이는 특징과 성격처럼 눈에 보이지 않는 특징을 모두 떠올려 보세요.

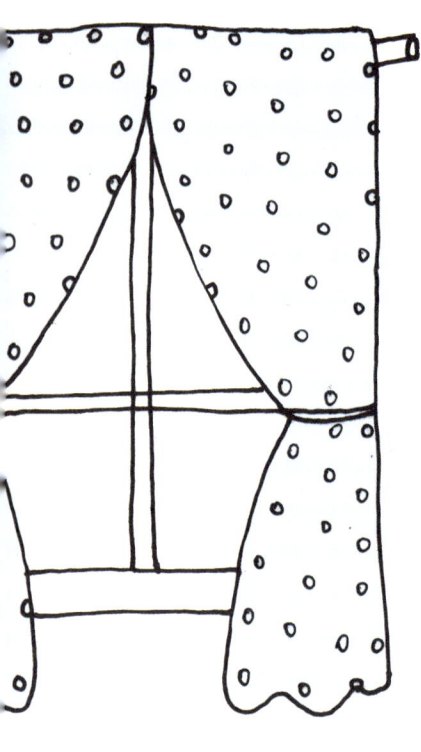
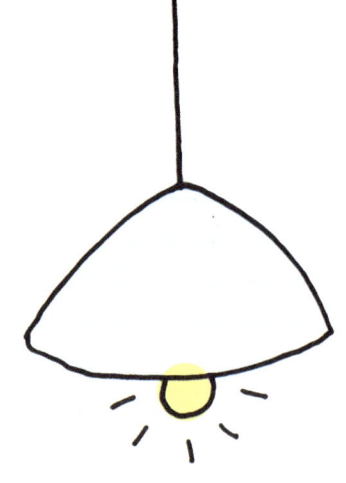

다른 사람에게 믿음을 얻으려면 오랜 시간이 필요해요.
가족이나 친한 친구처럼 오랫동안 함께 지낸 사람은 믿음이 크고,
회사 동료나 같은 반 친구처럼 짧게 만난 사람은 믿음이 작지요.
그리고 낯선 사람은 전혀 믿지 않아요.

___월 ___일

믿음이 큰 사람들을 저녁 식사에 초대해 보세요.
식탁 주변에 초대한 사람들을 그리고
내가 그 사람들을 믿는 이유를 생각해 보세요.

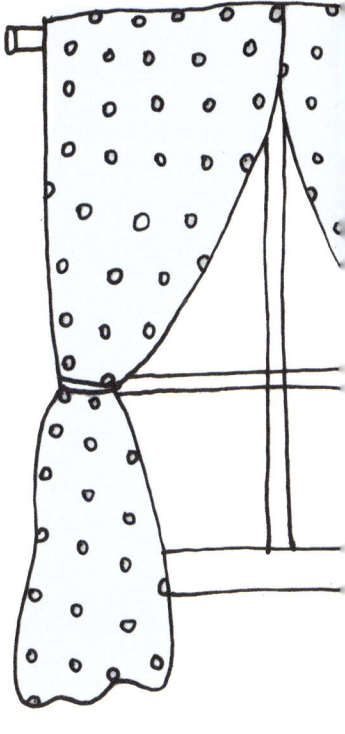

살아가면서 누군가를 또는 무엇인가를 잃었다고 느낄 때가 있습니다. 이를 상실감이라고 해요.
친구가 멀리 이사 갔을 때, 좋아하던 물건을 잃어버렸을 때, 사랑하는 사람이 죽었을 때,
혹은 어떤 기회를 놓쳤을 때도 우리는 상실감을 느낍니다.

소중한 추억들

___월 ___일

아래 '기억의 병'이 있어요.
보고 싶지만 지금은 볼 수 없게 된 사람이나
잃어버린 물건을 그려 보세요.

소중한 추억들

정말 멋있다고 생각하는 사람이 있나요?
뛰어난 능력이나 좋은 성격 등 그 사람이 멋있어 보이는 이유는 다양해요.

___월 ___일

이런 사람은 매일 만나는 선생님일 수도 있고
연예인이나 운동선수, 아니면 책 속의 주인공일 수도 있어요.
어른일 수도 있고 아이일 수도 있지요.
아래 나만의 영웅을 그려 보세요.

나는 이런 사람

우리는 장소에 따라 다른 모습을 보입니다. 집에서의 모습과 학교나 회사에서의 모습이 다른 이유는 장소에 따라 우리에게 기대하는 게 다르기 때문이에요. 그리고 우리는 다른 사람들이 원하는 모습으로 꾸며진 모습과 사람들은 알지 못하는 은밀하고 개인적인 모습을 가지고 있어요.

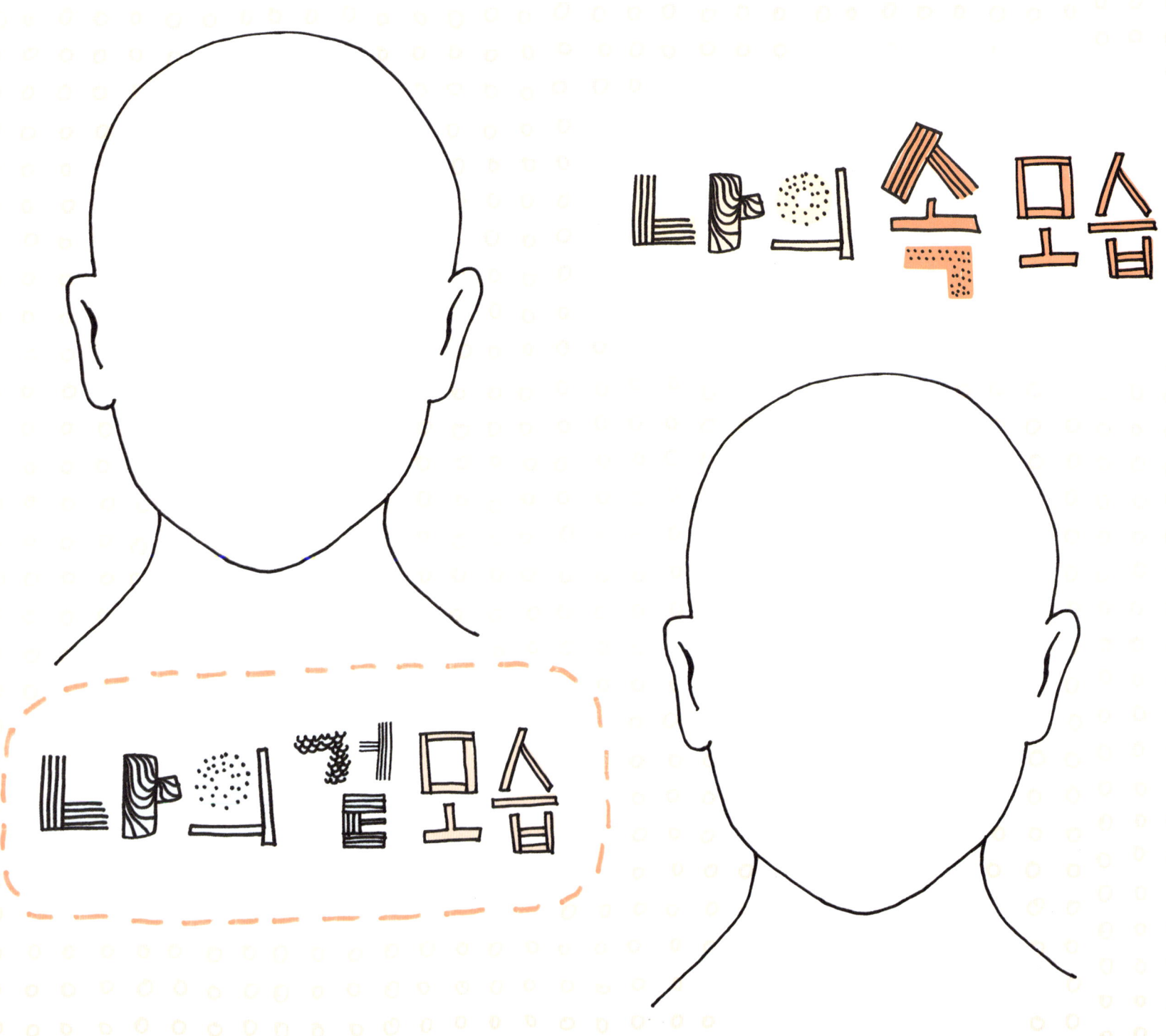

___월 ___일

아래 '나의 겉모습'에는 사람들이 보는 나의 모습을 생각해서 그려 보세요.
'나의 속 모습'에는 다른 사람들에게 보여 주지 않은, 나만 알고 있는 내 모습을 그려 보세요.

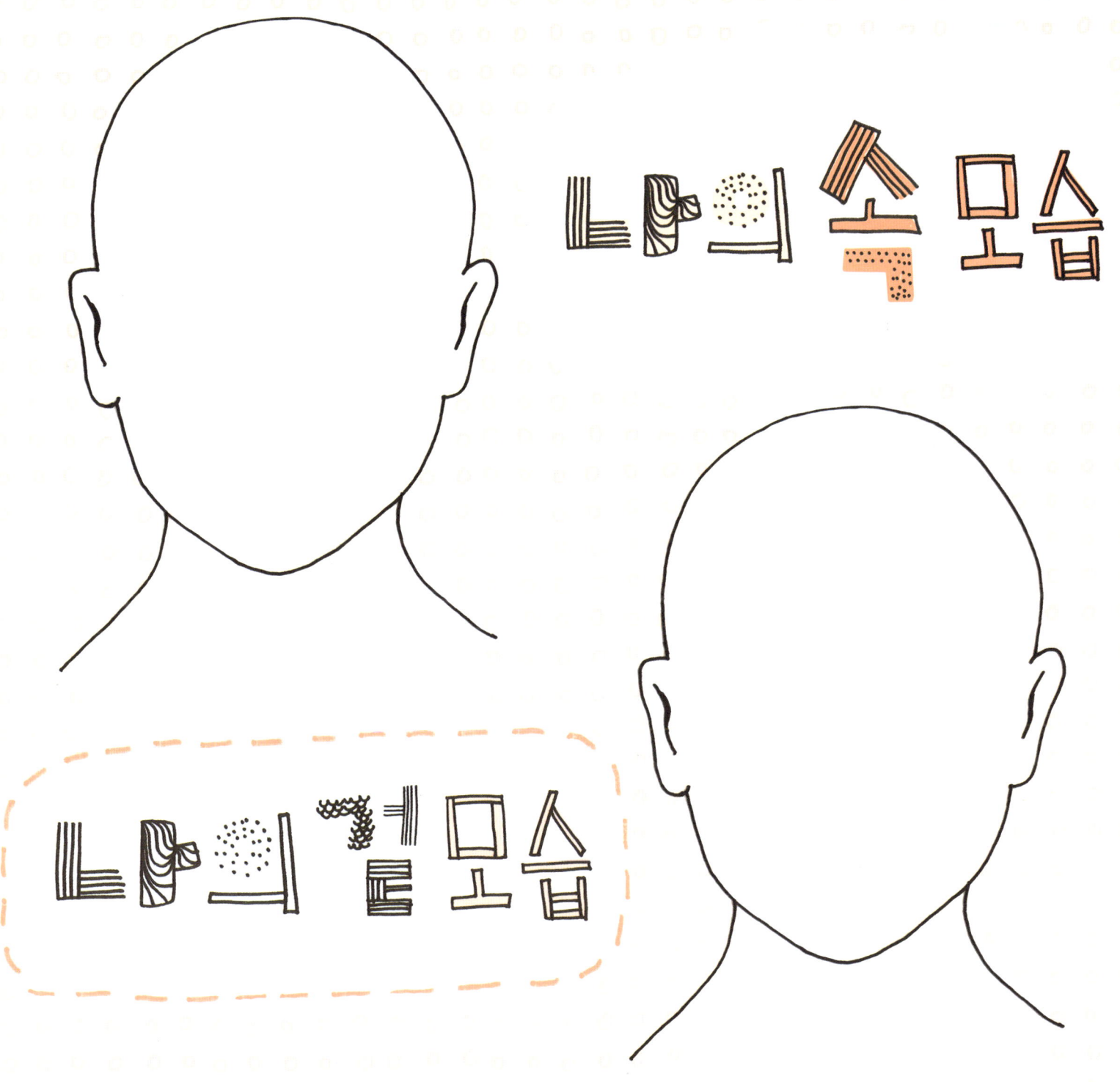

우리는 환경이나 상황에 따라 여러 가지 다른 역할을 갖고 있어요.
딸이기도 하고 언니이기도 해요. 학생이기도 하고 좋은 친구이기도 하죠.

_____월 _____일

내게 가장 중요한 역할은 무엇인가요?
그 역할일 때 주로 어떤 표정인지 그려 보세요.

아이들은 자라면서 나만의 소중하고 중요한 생각들을 발전시켜 나갑니다.
이를 가치관이라고 하는데 가치관은 우리의 생각과 행동에 영향을 미칩니다.
다른 사람에게 친절히 대하기, 정직하기, 믿을 만한 사람 되기 같은 건 모두 소중한 가치관이에요.

___월 ___일

나에게 중요한 가치관은 무엇인지 글이나 그림으로 표현해 보세요.
그리고 평소에 이러한 가치관을 잘 지키고 있는지 생각해 보세요.

내가 꿈꾸는 완벽한 하루는 어떠한 모습인가요?
누군가는 하루 종일 집에서 시간을 보내는 날을 꿈꿀 수도 있고
다른 누군가는 어디론가 떠나고 싶어 할 수도 있겠지요.
누구와 함께 있을지, 무엇을 할지도 중요한 요소일 거예요.

_____월 _____일

내가 꿈꾸는 완벽한 하루를 그려 보세요.
그날은 어떤 계절일까요?
나뭇잎 색깔을 통해 나타내 보세요.

내가 좋아하는 나

나를 나답게 만드는 것은 무엇일까요?

모든 사람은 스스로 자랑스러워하는 장점이나 자신을 가장 잘 나타내는 특징을 갖고 있어요.

예를 들어 뛰어난 달리기 선수는 빠른 속도와 오래 뛸 수 있는 능력을 자랑스러워하겠지요.

___월 ___일

나의 가장 자랑스러운 점, 나의 가장 큰 특징을 생각해 보고 아래 표현해 보세요.

나의 좋은 점에 대해 생각해 보세요. 이해심 많고 넓은 마음, 뛰어난 운동 신경, 넘치는 호기심, 악기를 잘 다루거나 미술을 잘하는 능력, 발랄한 성격, 친구를 잘 사귀는 것, 다른 사람을 잘 도와주는 마음, 남의 이야기를 잘 들어 주는 것, 정리 정돈을 잘하는 것들은 모두 긍정적인 자질이랍니다.

나는...

____ 월 ____ 일

나의 어떤 모습이 마음에 드나요?

스스로 좋아하는 나의 모습을 표현해 보세요.

나는...

우리는 모두 잘하는 것이 있어요. 운동이나 작곡을 잘할 수도 있고 그림을 잘 그릴 수도 있어요. 많은 사람 앞에서 이야기하는 것을 좋아할 수도 있고 노래와 춤을 좋아할 수도 있지요. 컴퓨터를 잘 다루는 사람도 있을 거예요. 친구 말을 잘 들어 주는 재능이 있는 친구도 있고 영어나 일본어를 잘하는 친구도 있을 거예요.

내가 가진 재능이나 특기를 아래 피라미드에 나타내 보세요.
피라미드의 가장 아래에는 가장 자신 있는 것을,
위쪽으로 갈수록 조금 덜 자신 있는 것을 적거나 그려 보세요.

_____월 _____일

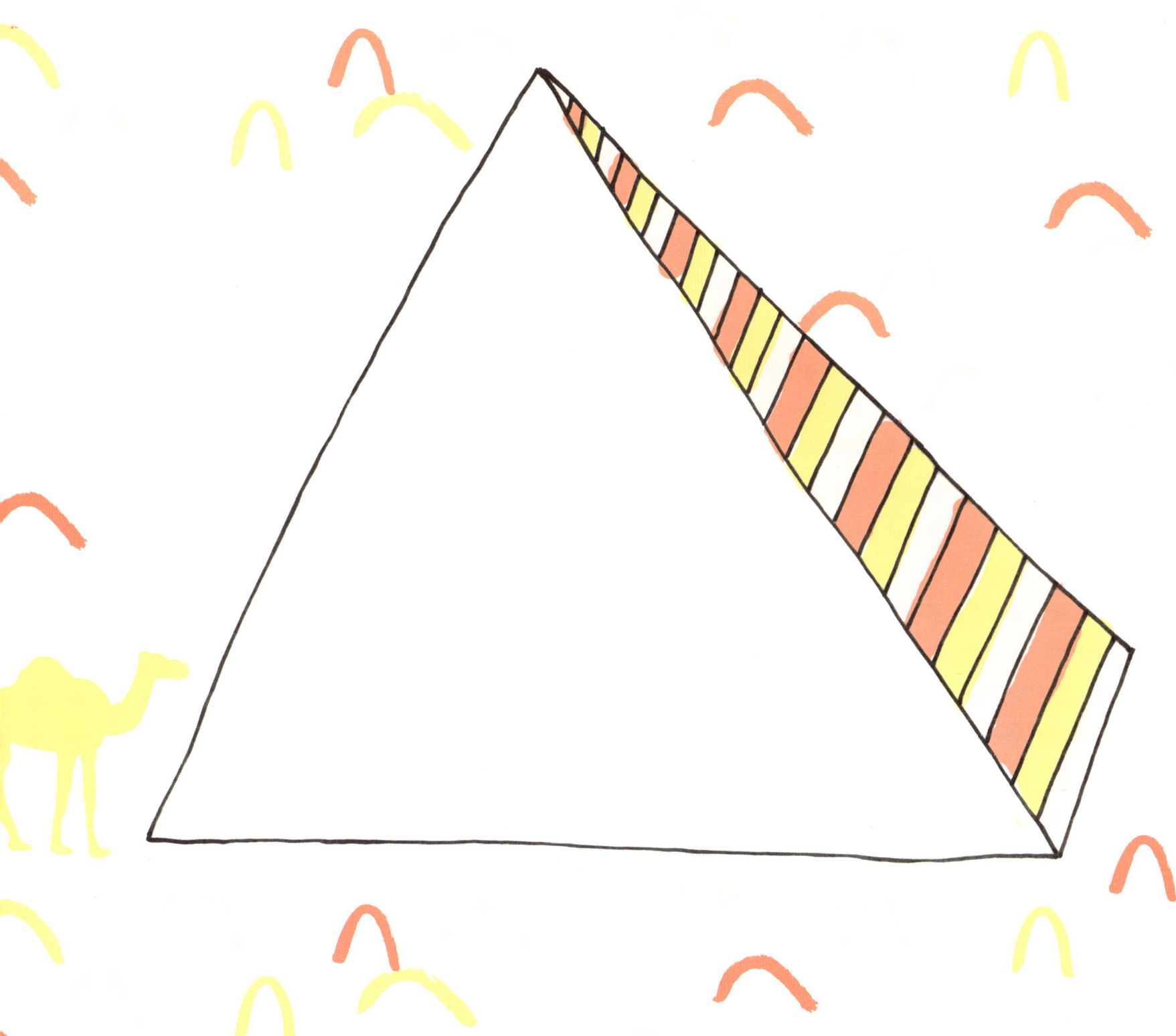

한번 경험한 일이 아주 오랫동안 기억에 남을 때가 있지요.
그 기억은 계속해서 우리에게 영향을 미칠 수 있기 때문에 중요한 의미를 갖습니다.

___월 ___일

좋은 기억은 우리가 살아갈 때 힘이 되어 주지만,
안 좋은 기억은 오랜 시간이 흘러도 우리를 힘들게 할 수 있어요
평생 잊지 못할 그날의 기억을 아래 액자에 그려 보세요.

우리는 모두 실수를 합니다.
중요한 건 실수했을 때 잘못을 인정하고 용서를 구하는 용기 있는 태도예요.

___월 ___일

용서를 구해야 하는 일이 있다면 그 일이 무엇인지 그려 보세요.

예상치 못하게 괴롭힘을 경험할 때가 있어요. 내가 괴롭힘을 당할 수도 있고
다른 사람을 괴롭힐 수도 있어요. 그런 상황을 보게 될 수도 있고요.
어느 쪽이든 이러한 상황 안에 있게 되면 마음이 괴롭고 불편하지요.

___월 ___일

괴롭힘을 경험했던 순간, 제발 시간이 빨리 흐르길 바랐던 순간이 있었나요? 떠오르는 것이 있다면 아래 그려 보세요.

친한 친구들, 옳다고 믿는 생각, 멘토, 가족처럼
힘들 때마다 나에게 힘을 주는 것들이 있습니다.

___월 ___일

내게 가장 힘이 되는 것은 무엇인지, 그리고 그것이 큰 힘이 되었던 순간은 언제였는지 그려 보세요.

매해 언론 매체들은 사회에 중요한 영향을 미친
'올해의 인물'을 선정합니다. 여기에는 정치인이나
연예인처럼 유명한 사람들도 있고 평범한 사람들도 있어요.

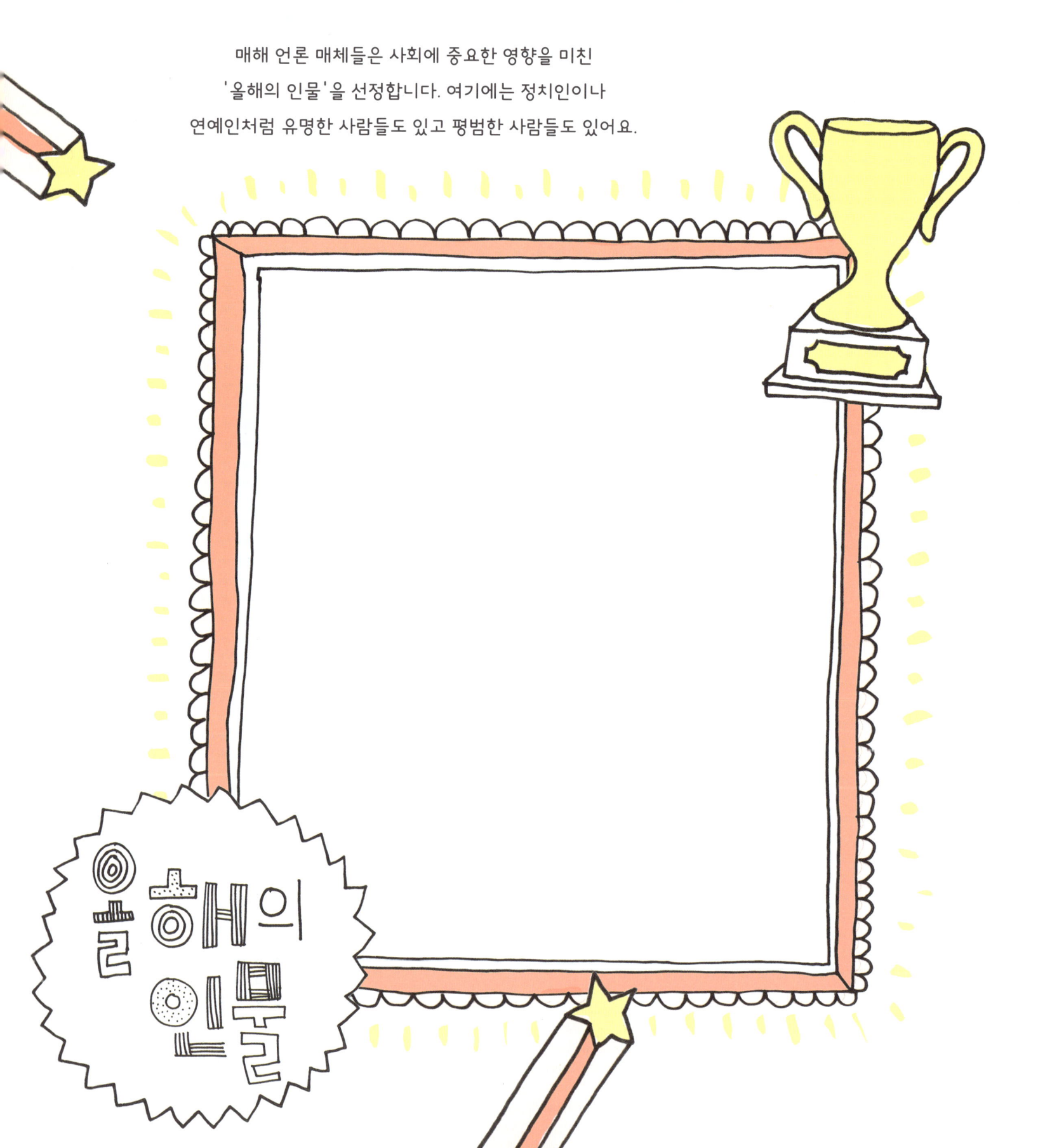

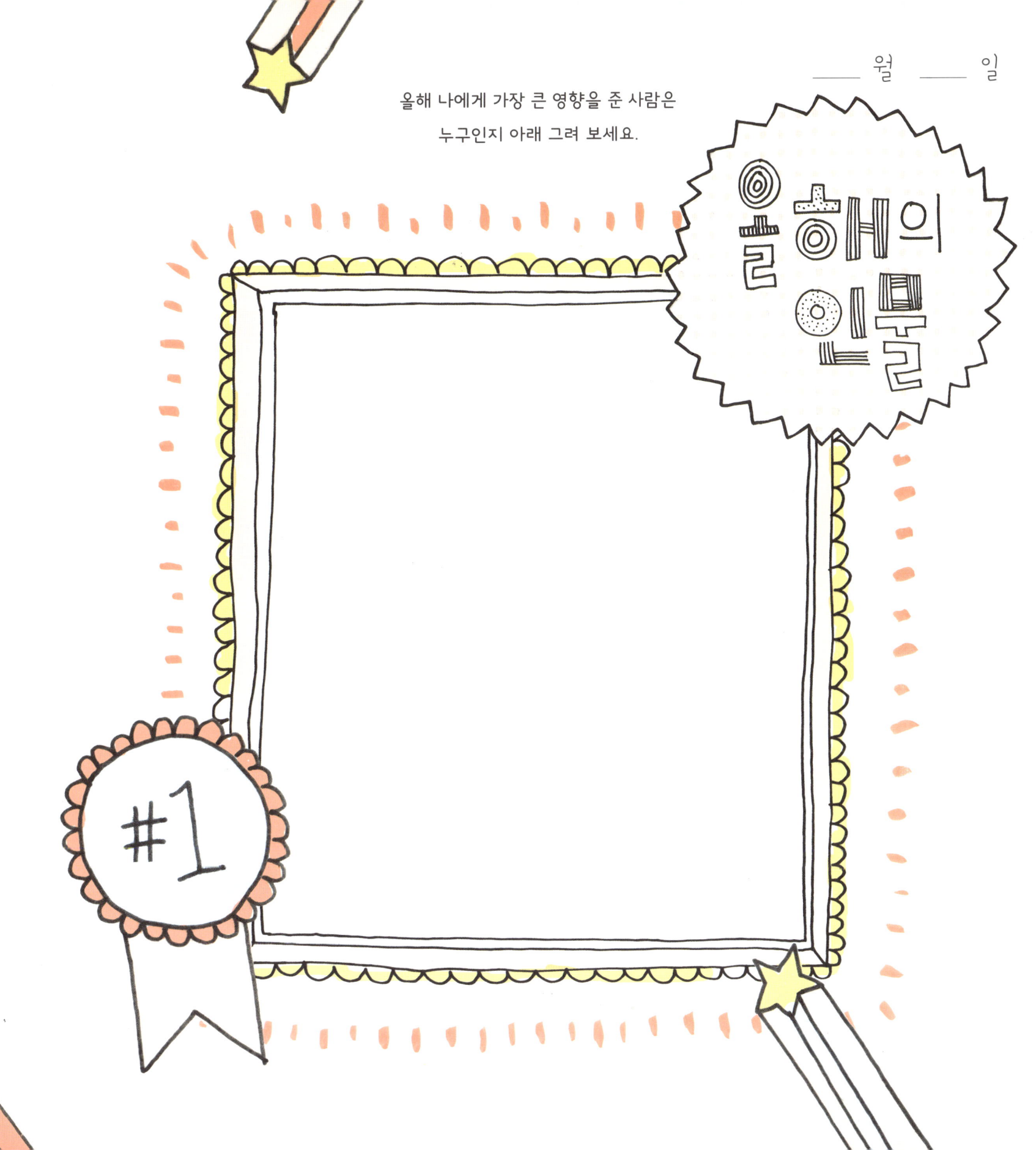

가장 소중한 오늘

매일매일 바쁘게 지내다 보면 정작 감사해야 할 일들을 잊곤 해요. 감사한 마음을 갖고 표현하는 건 굉장히 중요해요. 감사는 우리의 삶을 더 밝게 바꾸어 주고, 더 넓은 마음으로 세상을 바라보게 해 준답니다.

나의 삶에서 감사한 일을 표현해 보세요. _____ 월 _____ 일

마음을 힘들게 하고, 기운 빠지게 하고,
어깨를 무겁게 하는 게 있나요?
그걸 마음의 '짐'이라고 불러요.
마음의 짐은 어떤 걱정거리일 수도 있고
잘못한 일일 수도 있어요.

___월 ___일

요즘 마음이 힘든 일이나 떨쳐 버리고 싶은 일이 있나요?
그게 무엇인지 아래 '짐' 가방 안에 그려 보세요.

___월 ___일

기적이 일어난 내 삶은
어떻게 변했는지 보여 주세요.

오늘 하루를 하나의 노래를 만들어 본다면 어떤 노래가 될까요? 어떤 제목일지, 어떤 종류의 노래일지 고민해 보세요.

___월 ___일

오늘 하루에 대한 노래를
아래 음반에 표현해 보세요.

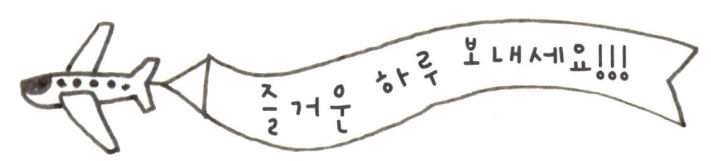

놀이공원은 정말 신나는 곳이에요. 회전목마, 대관람차, 슬라이드, 롤러코스터, 유령의 집, 범퍼카, 후룸라이드, 바이킹 등 여러 놀이 기구들이 있어요.

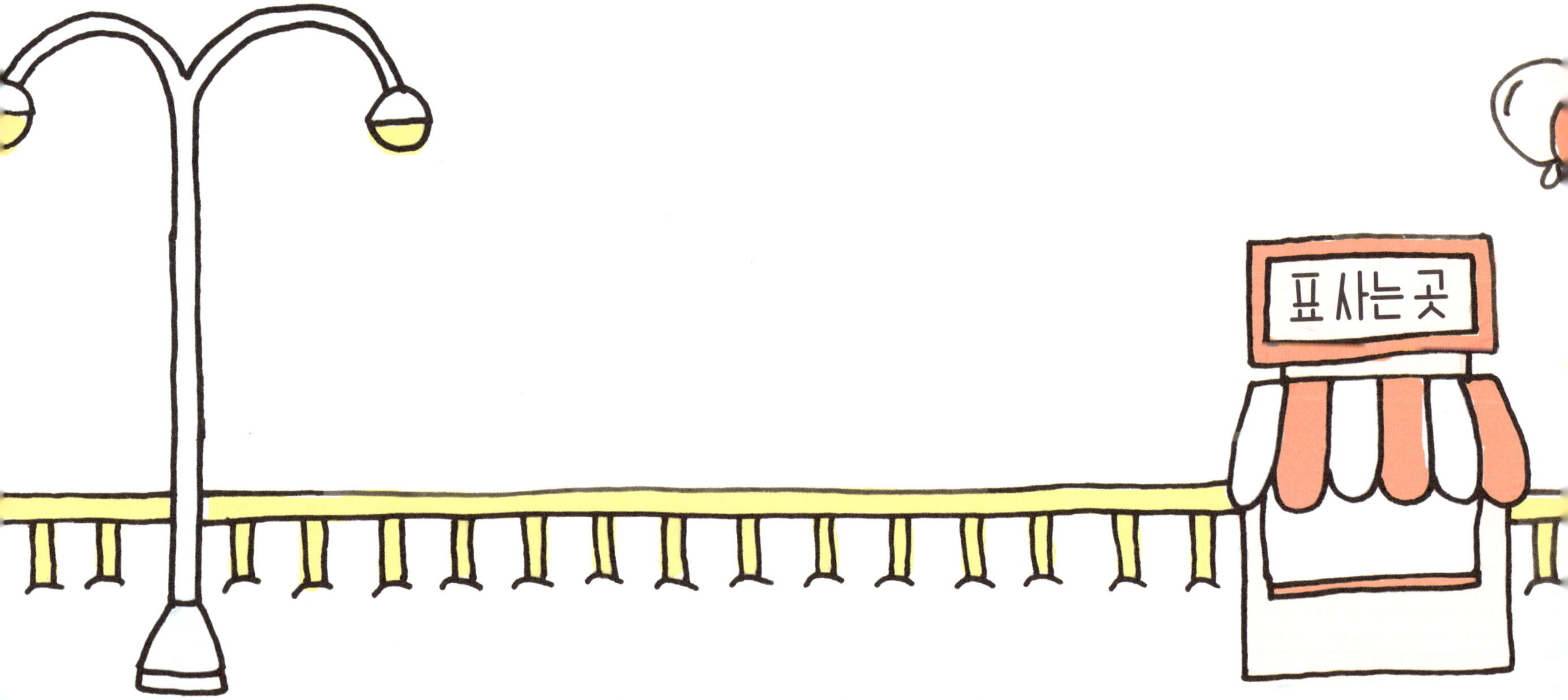

___월 ___일

지금 내 생활과 가장 비슷한
놀이 기구는 무엇인가요?

우리는 늘 크고 작은 스트레스를 받습니다.
스트레스를 받으면 짜증이나 화가 나기도 하고 우울해지거나 자신감이 없어지기도 해요.

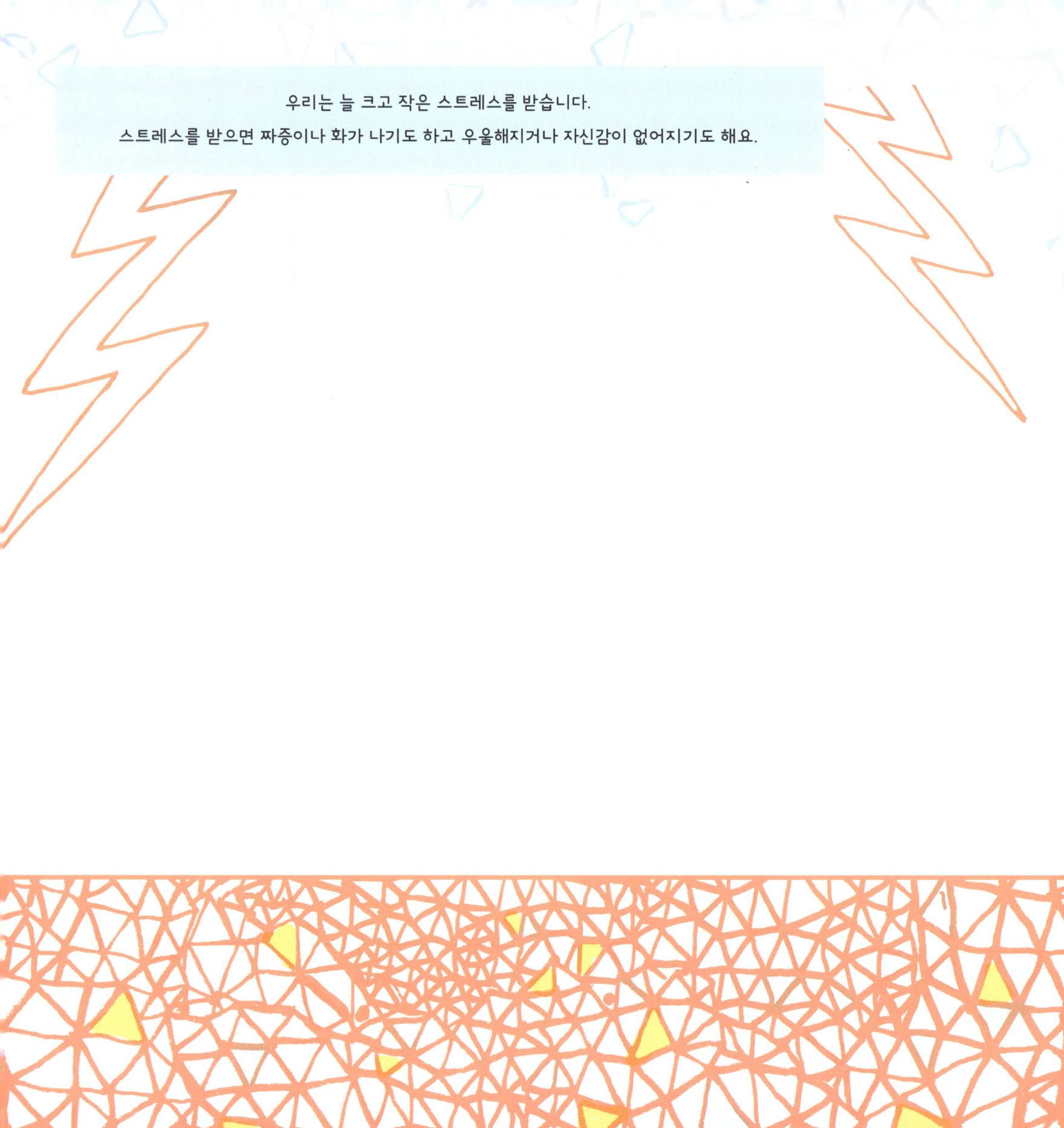

_____ 월 _____ 일

사람들은 저마다 스트레스를 풀기 위한 방법을 가지고 있어요.
운동을 하거나, 책을 읽거나, 단 음식을 먹거나, 잠을 자는 사람도 있을 거예요.
지금 스트레스 받는 일은 무엇이고 어떻게 풀 수 있을지 생각해 보세요.

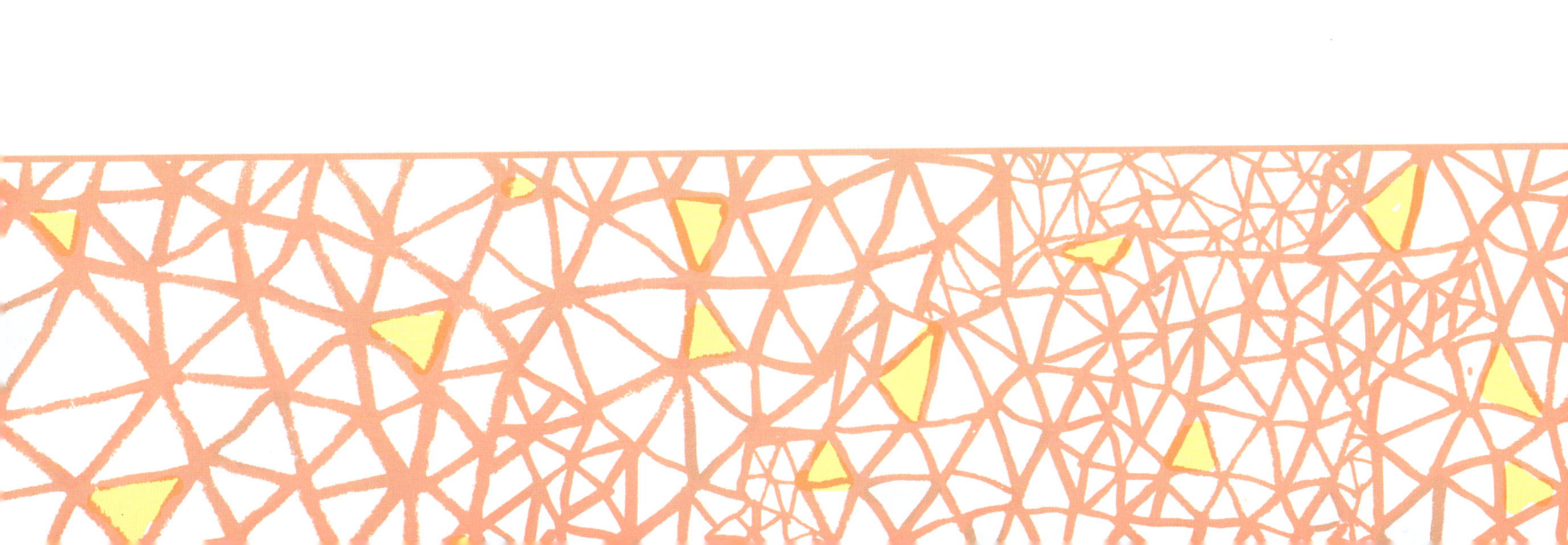

우리는 매일 수많은 결정을 내립니다.
쉽게 정할 수 있는 것도 있지만 어려운 결정도 있어요. 우리는 알고 있는 것을 바탕으로 가장 좋은 쪽을 선택하려고 노력하지요.

____월 ____일

지금 결정해야 할 일이나 선택해야 할 것이 있나요?
아래 표지판에 각 선택이 앞으로 어떤 결과로 이어질지
그려 보세요. 그다음 어떤 방향을 선택할지 이야기해 보세요.

사람들은 각자 좋아하는 장소가 있어요. 좋아하는 이유와 위치도 모두 다르지요. 그곳은 진짜 있는 곳일 수도, 마음속에서 상상한 곳일 수도 있어요. 진짜 장소라면 이전에 가 봤던 적이 있거나 어디선가 보고 나서 가 보고 싶어진 곳일 거예요.

어느 날 깊은 숲속을 산책하다가 우연히 마법의 가게를 발견하게 되었어요.
그곳에 들어가니 마법사가 인사를 건네요.
가게 안에는 마법을 부리는 신기한 물건들과 물약이 있네요.

___월 ___일

마법의 가게 안에 어떤 것들이 더 있는지 그려 보세요.
내가 가장 원하는 것 하나를 마법사가 주겠다고 하면
무엇을 갖고 싶나요?

만다라는 원 안에 우주를 표현한 그림이에요.
만다라를 그리면 집중력이 높아지고 평온함을 느낄 수 있어요.
원 안에 복잡하거나 반복적인 디자인을 그려 넣을 때 더 그러하죠.

_____ 월 _____ 일

원 안에 나만의 만다라를 그려 보세요.

어떻게 그려야 할지 잘 모르겠다면 어떤 모양이나 이미지, 무늬를 반복해서 그려 보세요.

그리는 동안 마음이 평온해지는 걸 느껴 보세요.

내일은 더 좋을 거야

나중에 무슨 일을 하고 싶나요?
점점 자라면서 좋아하거나 잘하는 것이
변할 수도 있어요. 그러면 되고 싶은 직업도
바뀔 수 있지요. 어른들도 때로는
다른 직업을 갖고 싶어 한답니다.

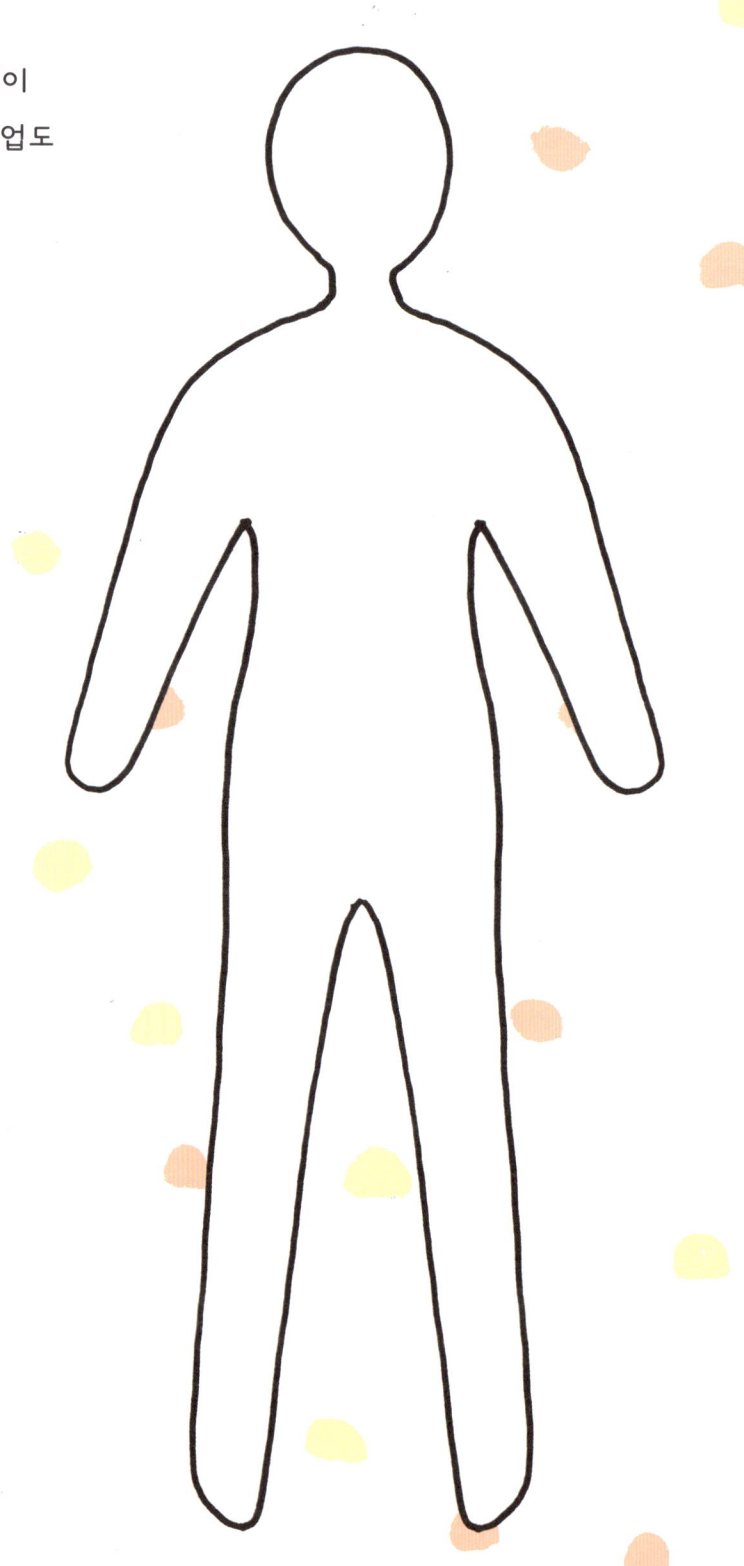

____월 ____일

내가 상상하는 무엇이든 될 수 있다면 무엇이 되고 싶나요? 나중에 커서 그 직업을 가진 내 모습을 그려 보세요.

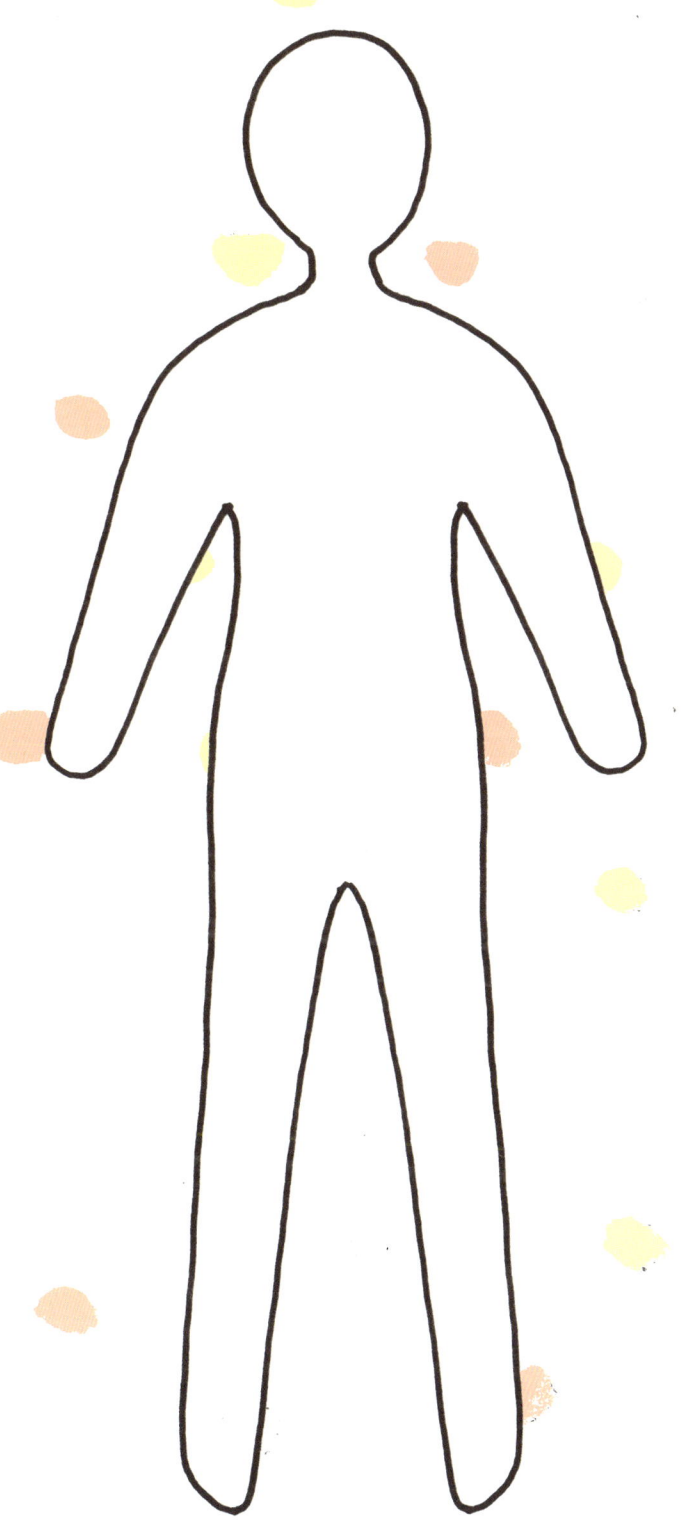

팔랑팔랑 예쁜 나비는 처음에 알로 태어나요.
그 후 애벌레와 번데기로 긴 시간을 보낸 뒤 비로소 나비가 되지요.
이런 과정을 '변태'라고 불러요. 큰 변화의 과정을 거쳐야만
예쁜 나비로 탈바꿈할 수 있는 것이죠.

____월 ____일

내 성격이나 외모, 생각에서 변화하고 싶은 것이 있다면 무엇인지 표현해 보세요.

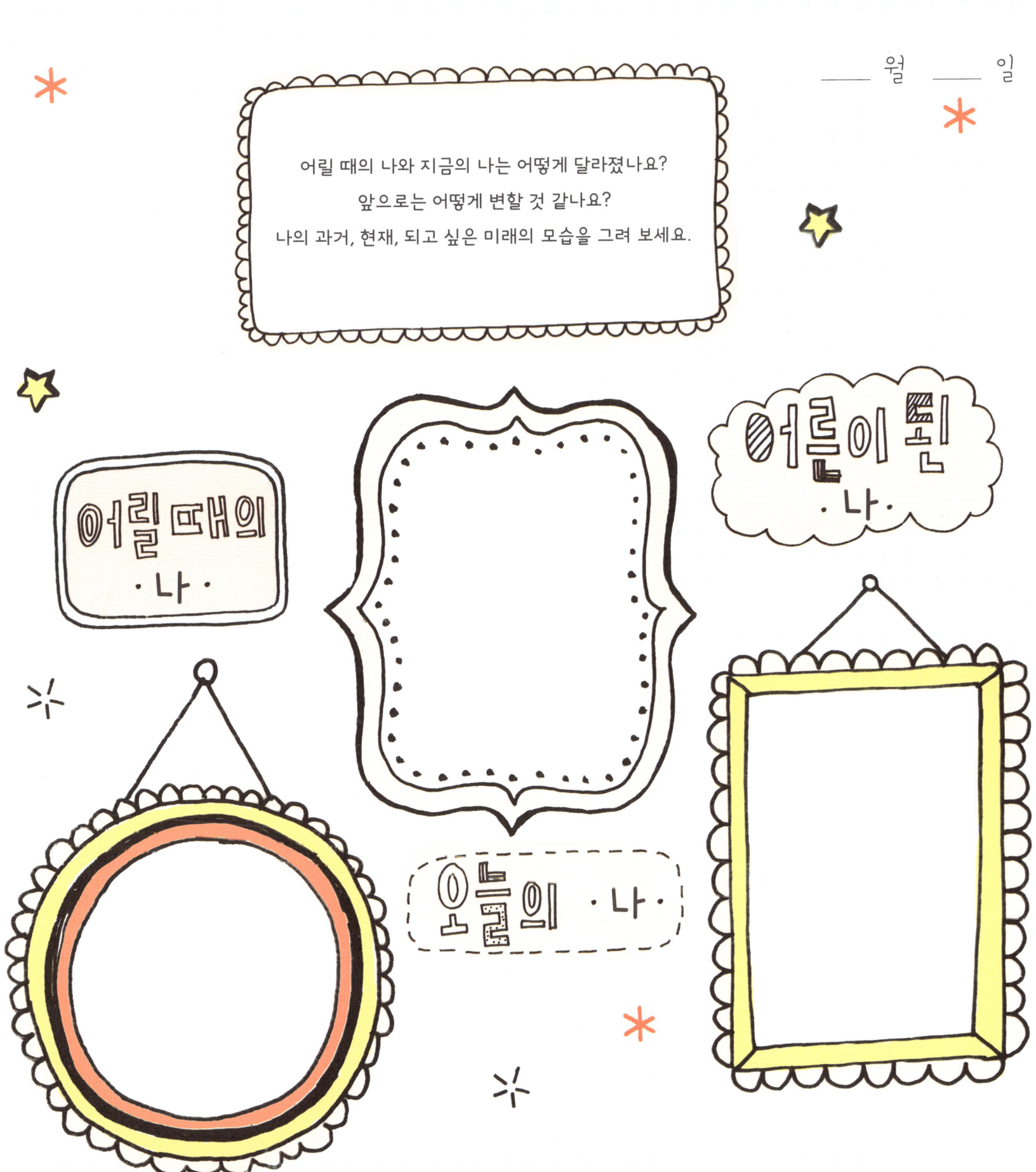

지니의 요술 램프를 문지르면 지니가 나타나서 세 가지 소원을 들어준대요.
갖고 싶은 물건을 줄 수도 있고 생각을 현실로 이루어 줄 수도 있어요.

지니에게 부탁하고 싶은 세 가지 소원은 무엇인가요? ___월 ___일

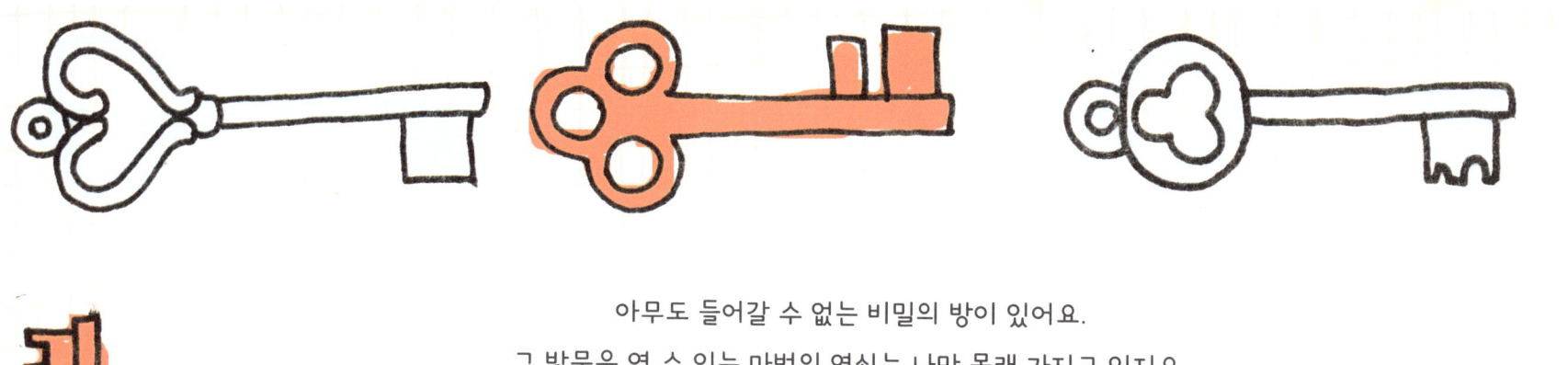

아무도 들어갈 수 없는 비밀의 방이 있어요.
그 방문을 열 수 있는 마법의 열쇠는 나만 몰래 가지고 있지요.
방 안에는 나를 정말 행복하게 만들어 주는 게 있어요.
그건 돈으로도 절대 살 수 없는 거랍니다.

  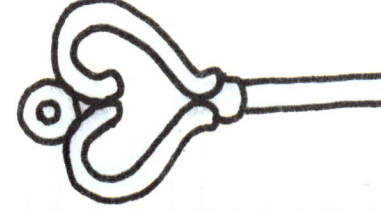

___월 ___일

마법의 열쇠로 방문을 열고 들어가면 무엇이 있나요?

내 마음대로
내 상상대로

슈퍼 파워를 갖는 상상만큼 신나는 일이 또 있을까요?
만약 날 수 있다면 훨씬 쉽고 빠르게 먼 곳까지
갈 수 있을 거예요. 투명 인간으로 변신해서
도둑을 잡을 수도 있겠죠.

___월 ___일

어떤 슈퍼 파워를 갖고 싶나요?
그걸로 무엇을 하고 싶나요?

아주 멋진 섬을 선물받았다고 상상해 보세요. 그 섬에 무엇이 있으면 좋을까요?

누가 있으면 좋을까요? 그 섬에는 어떻게 갈 수 있나요?

섬에 많은 사람들이 오길 바라나요, 아니면 다른 사람들은 모르는 나만의 섬이 되길 바라나요?

내가 꿈꾸는 섬은 어떤 모습인지 그려 보세요.　　　　　＿＿월 ＿＿일

만화라는 매체를 통해 우리 사회의 문제점을 좀 더 쉽고 재미있게 전달할 수 있어요. 예를 들어 애니메이션 〈주토피아〉는 우리 사회의 편견과 차별에 관해 이야기하고 있지요.

___월 ___일

무지개를 보면 무지개 끝에 있는
금 단지를 찾을지도 모른다는 즐거운 상상을 하게 돼요.
만약 무지개 끝에서 금 단지를 찾아낸다면
그 안에 무엇이 있길 바라나요?
아래에 그려 보세요.

칫솔이나 휴대 전화처럼 우리 생활에서 자주 사용하는 물건들은 모두 누군가의 노력으로 발명된 것들이예요. 상상 속 아이디어가 오랜 시간과 노력을 통해 현실이 되는 것이죠.

___월 ___일

나만의 발명품을 만들어 본다면 무엇을 만들고 싶나요? 아래 그려 보세요.

모험은 상상만 해도 흥미진진해요.
모험을 떠나고 싶은 곳은 어디인가요? 준비해야 할 것은 무엇인가요?
혼자 가고 싶나요, 아니면 누구와 함께 가고 싶나요?
그곳까지 어떻게 갈 수 있나요?

_____ 월 _____ 일

아래 수첩에 모험을 떠날 계획을 세워 보세요.

다리는 멀리 떨어진 두 곳을 이어 주어 쉽게 갈 수 있게 해 주지요.
아래 두 곳을 이어 주는 다리를 그려 보세요.

___ 월 ___ 일

다리는 돌이나 나무로 만들 수도 있고 별이나 비눗방울처럼 상상의 재료로 만들 수도 있어요.
다리는 무엇을 이어 주고 있나요?

숲속을 걷다가 처음 본 동굴에 들어가게 되었어요. 동굴 안은 포근하고 따뜻했어요.
나만 아는 이 공간이 정말 마음에 들었지요!

이 동굴은 누구도 찾을 수 없는 곳이에요.
이곳에 무엇을 숨겨 두고 싶은지 그려 보세요.

___월 ___일

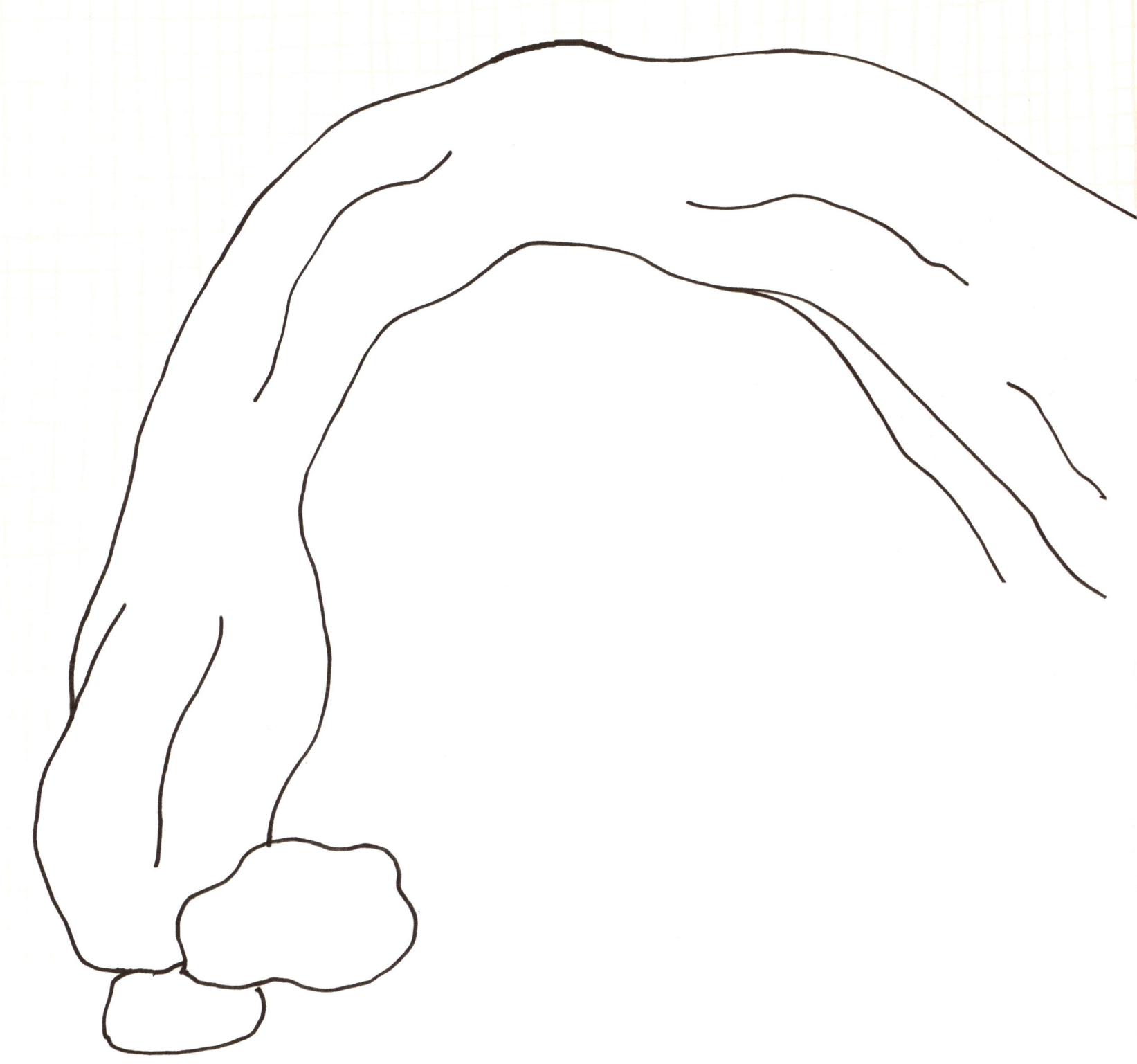

지도를 잘 따라가면 보물을 찾을 수 있다고 상상해 보세요.
그런데 보물을 찾으러 가는 길에 장애물이 많아서 쉽게 갈 수 없네요.

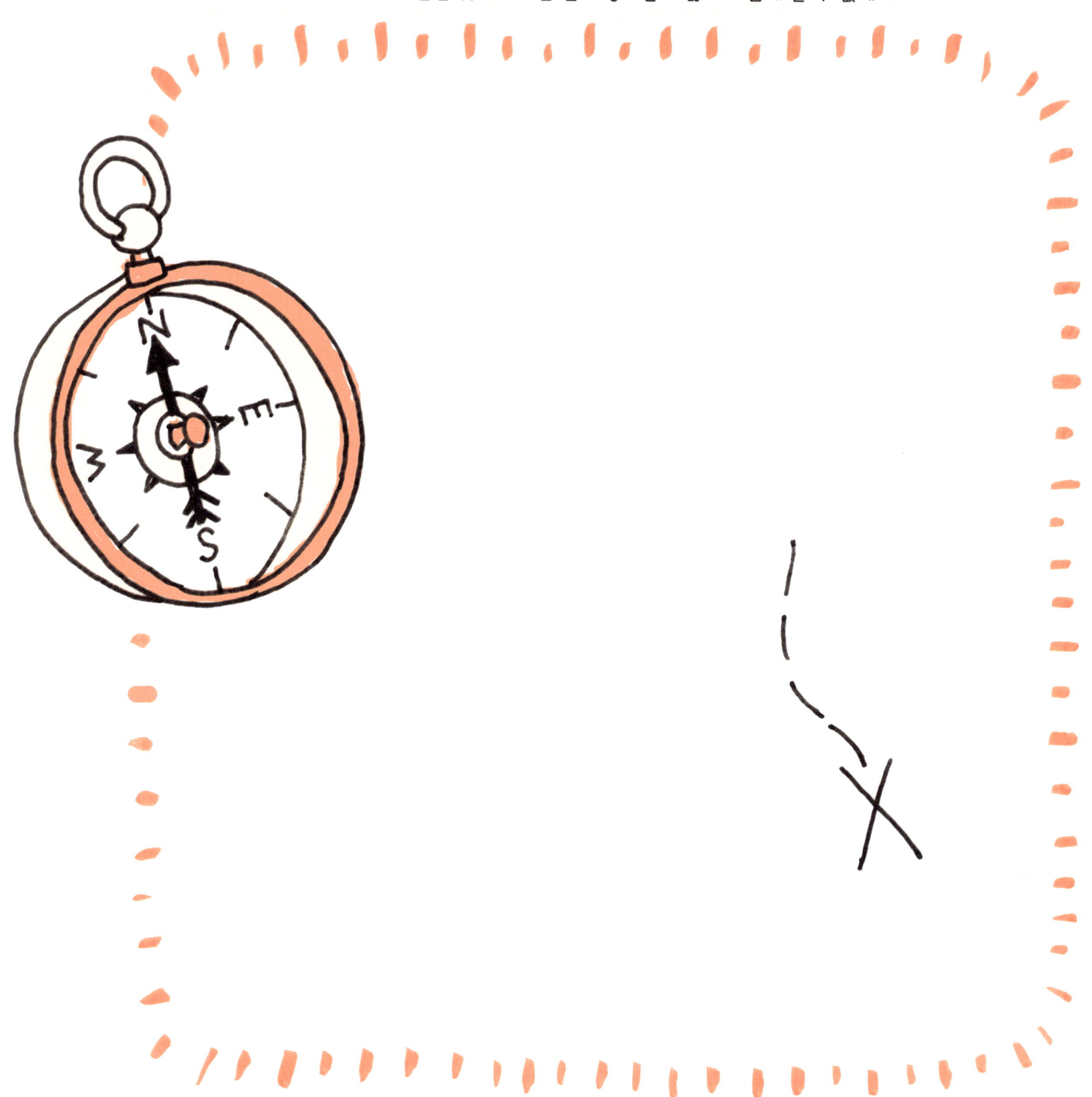

아래 지도에 보물을 찾으러 가는 길과
도중에 마주칠 장애물을 그려 보세요.

___월 ___일

가끔 지치고 힘들 때 잠시 쉴 수 있는 곳이 있다는 건 큰 행운이에요. 누군가에게는 집이 가장 편안하고 안전하게 느껴질 수 있고 누군가에게는 카페나 공원이 그러한 곳이 될 수 있어요. 아무 데도 갈 수 없는 상황이라면 머릿속으로 나를 편안하게 해 주는 생각을 하는 것도 도움이 되지요.

____월 ____일

우리는 이런 보호 구역에서 다시 일상생활로 돌아갈 힘을 얻을 수 있어요.
나만의 보호 구역은 어떻게 생겼나요?
실제로 갈 수 있는 곳이어도 되고 마음속에 상상한 곳을 그려도 돼요.

글 레이시 머클로우

미국 오클라호마 주립 대학교에서 심리학 학사 학위를,
조지워싱턴 대학교에서 예술치료학 석사 학위를 받았어요.
20여 년간 전문 예술치료사로 활동하며, 가정과 학교, 병원에서
청소년, 가족, 성인들을 대상으로 미술 치료를 하고 있어요.
뉴욕타임즈 베스트셀러인 〈행복 테라피 컬러링북〉
〈명상 테라피 컬러링북〉 등 Zen Coloring 시리즈를 펴냈어요.

그림 베서니 로버트슨

뉴욕 브루클린에서 활동하는 일러스트레이터이자 디자이너예요.
뉴저지 럿커스 대학교에서 미술학 석사 학위를, 테네시 주립 대학교에서
미술 교육 석사 학위를 받았어요. 그림 그리기와 피자, 꽃, 아이스크림
그리고 해변을 좋아해요. 〈The Botanical Hand-Lettering Workbook〉
〈Don't Quit Your Day Dream〉을 그리고 썼어요.

www.bethanyrobertson.com
on Instagram @loveless_designs

옮김 공은주

출판사에서 해외 어린이책을 우리나라에 소개하는
일을 했어요. 손으로 적고 그리고 만드는
즐거움을 주는 책을 좋아해요.

엄마랑 나랑
50가지 그림 대화

초판 1쇄 인쇄 2018년 12월 14일
초판 1쇄 발행 2018년 12월 21일

글 레이시 머클로우 | 그림 베서니 로버트슨 | 옮김 공은주
펴낸이 공은주 | 펴낸곳 명랑한 책방 | 디자인·손글씨 이하나
출판등록 2017년 4월 21일 제 2017-000011호
주소 인천시 부평구 동수로 120번길 43
전화 010-5904-0494 팩스 050-7993-9948
이메일 thejollybooks@gmail.com
ISBN 979-11-965164-0-6 13650

Mom and Me : An Art Journal to Share
Text © 2017 Lacy Mucklow
Illustrations © 2017 Bethany Robertson
All rights reserved.
First published in the United States of America in 2017
by Race Point Publishing, a member of Quarto Publishing Group USA Inc.
Korean Translation Copyright © 2018 Jolly Books
This Korean Translation edition is published by arrangement with Quarto Publishing Group USA Inc.

이 책의 한국어판 저작권은 저작권자와 독점 계약한 명랑한 책방에 있습니다.
저작권법에 따라 한국에서 보호를 받는 저작물이므로 무단 전재와 무단 복제를 금지합니다.

값은 뒤표지에 있습니다.
잘못된 책은 구입하신 서점에서 교환해 드립니다.

이 도서의 국립중앙도서관 출판예정도서목록(CIP)은 서지정보유통지원시스템 홈페이지
(https://seoji.nl.go.kr) 와 국가자료공동목록시스템(https://www.nl.go.kr/kolisnet)에서
이용하실 수 있습니다. (CIP 제어번호 : CIP2018038331)